Meine erste Tier-Bibliothek

Der Löwe

Text und Fotos
von Christine und Michel Denis-Huot

esslinger

Der Löwe wartet

In Afrika beginnt die Regenzeit. Nachmittags ist es heiß und gewittrig. Gazellen grasen in der Savanne, der weiten Grassteppe. Hier und da gibt es auch Felsen und Bäume.

Im Schatten einer Akazie döst ein Löwe. Er liegt schon seit heute Morgen da, aber er steht erst auf, wenn die Sonne untergeht.

In der Savanne gibt es viele Schlupfwinkel für die Löwen.

Der Löwe ist wach geworden, aber es ist noch zu heiß, um sich zu bewegen.

Alle Löwinnen im Rudel sind Schwestern oder Cousinen.

Sie spielen viel miteinander.

Was für Reißzähne!

Das Rudel

Aus dem Gras schauen die Köpfe der Löwinnen hervor. Sie alle bilden das Rudel des Löwen. Der Chef, der sich sonst abseits hält, kommt gemächlich auf sie zu.

Die Löwinnen lecken sich mit der Zunge sauber. Dann reiben sie sich gegenseitig zärtlich trocken. Sie bleiben ein Leben lang zusammen und mögen sich sehr.

Die Löwinnen schnurren beim Schmusen.

Die Jagd

Abends wird das Rudel hungrig. Mit ihren guten Augen spüren die Löwinnen Impalas auf. Im Schutz des hohen Grases umzingeln sie das Wild, ohne gesehen zu werden. Dann richtet sich eine Löwin auf.
Vor Angst fliehen die Antilopen in die andere Richtung – direkt zu den anderen Löwinnen, die sich versteckt hatten. Reiche Beute!

Löwinnen sind nicht so schnell wie ihre Beute. Deshalb müssen sie sie überlisten.

Nachts jagen sie zu mehreren. So erbeuten sie größere Tiere.

Seht den König!

Die Löwinnen fangen gerade an zu fressen. Da kommt der Löwe, jagt sie davon. Grrrr! Der König frisst, wann er will.

Löwen fressen auch Tiere, die andere erbeutet und liegen gelassen haben.

Geier fressen den Rest.

Von hoch oben sehen die Geier die toten Tiere, die die Löwen erbeutet haben.

Nach dem Fressen trinkt der Löwe. Dann legt er sich hin, um zu verdauen. Was für ein Faulpelz!

Geier, Hyänen und Schakale warten darauf, dass Seine Majestät fertig wird. Es bleibt nur wenig übrig. Auch die Löwinnen haben noch Hunger – bis zur nächsten Jagd.

Ein Löwe paart sich nacheinander mit mehr als einer Löwin seines Rudels.

Bei der Paarung knurrt die Löwin und zeigt die Zähne.

Danach verjagt sie den Löwen.

Die Liebe

Löwen gesellen sich normalerweise nur zu den Löwinnen, um ihnen die Beute wegzufressen. Sonst sind sie lieber allein.
Aber in der Brunftzeit ist alles anders. Der Löwe sucht sich eine Gefährtin. Er bleibt ein paar Tage mit ihr zusammen. In dieser Zeit frisst er nichts. Dann sucht er sich eine andere Löwin und fängt von vorn an.

Die Babys

Drei Monate später bekommt die Löwin, versteckt in einer Felsmulde, drei winzig kleine Löwenkinder.
In den ersten Tagen bleiben sie in ihrem Versteck. Die Löwin säugt die Babys, wenn sie von der Jagd zurückkommt.

Eines Tages kommen sie heraus. Achtung! Im hohen Gras kann man sich leicht verirren, außerdem lauern dort Hyänen ...

Das Fell der Löwenbabys ist so kuschelig weich wie bei einem Schmusetier.

Sie knabbern gern zum Spaß an den Zweigen.

Heute bringt die Löwenmama ihre Kinder in ein neues Versteck.

Das ziept ganz schön, wenn nicht nur die eigenen Babys, sondern auch noch die beiden Cousins an den Zitzen der Löwenmama saugen.

Kindheit

In der Regenzeit gibt es viel Wild zu erbeuten. Das Rudel wird immer satt. Die Löwenkinder spielen und werden größer.

Mit vier Monaten gehen sie mit den Löwinnen auf die Jagd und beobachten sie. Sie bekommen aber immer erst nach den Großen etwas zu fressen. Manchmal bleibt gar nichts für sie übrig! Wenn es zu wenig Beute gibt, ist das Leben hart für sie.

Es regnet, aber was macht das schon? Die kleinen Löwen spielen weiter.

Größere Löwenkinder ahmen die Löwinnen nach und fangen kleinere Tiere wie diese Manguste.

Die Jungen messen ihre Kräfte und ihre Geschicklichkeit.

Stopp! Das Spiel ist zu Ende. Der Löwe zeigt die Zähne, er hat keine Lust mehr zu spielen.

Abschied

Im Alter von drei Jahren werden alle jungen Männchen vom Chef des Rudels verjagt. Sie irren durch die Savanne und müssen allein zurechtkommen. Ein hartes Leben!
Ein paar Jahre später, wenn sie groß und stark sind, können sie, wenn sie einen älteren Löwen besiegen, sein Gebiet übernehmen. Ihre Schwestern aber dürfen bei der Mutter bleiben, in dem Rudel, in das sie hineingeboren wurden.

Noch schläft er friedlich im Schutz des Rudels, der kleine Löwe. Doch schon bald muss er es verlassen und allein überleben.

Löwen unter Naturschutz

Einst gab es fast überall auf der Welt Löwen. Schon immer wurden sie wegen ihres Fells und ihres Fleisches gejagt. Heute gibt es nur noch in Afrika Löwen, die meisten leben in Reservaten.

Löwen haben keine Angst vor Autos. Sie lassen die Touristen ganz nah an sich herankommen.

Wissenschaftler erkennen jeden Löwen an seinen Schnurrhaaren.

Früher

In der Frühgeschichte lebten Löwen auf mehreren Kontinenten. Sogar bei uns in Europa gab es welche. Heute kommen diese Großkatzen nur noch in Afrika vor. Auch dort werden es aber immer weniger, weil sie gnadenlos gejagt werden. Hinzu kommt, dass sie umso weniger Platz zum Leben haben, je mehr Menschen es gibt.

Die Reservate

In Afrika gibt es große Gebiete, wo nur die geschützten wilden Tiere leben dürfen. Da leben auch die meisten Löwen. Viele Touristen fahren dort mit dem Auto umher, um sie zu sehen. Andere fliegen mit dem Heißluftballon über die Savanne. Das stört die Löwen nicht, weil sie vor allem nachts jagen, wenn die Menschen schlafen.

Die Löwin hat sich an ihr Senderhalsband gewöhnt. Sie trägt es drei Jahre lang.

Besser kennen lernen

Schon lange untersuchen Wissenschaftler das Leben der Löwen. Manchen Löwinnen haben sie ein Senderhalsband umgebunden. Mit Hilfe eines Empfängers und einer Antenne folgen sie ihren Wegen in der Savanne. Alle Löwen haben eine Art Ausweis. So kann man sie besser schützen.

Die Verwandten

Löwen sind Wildkatzen. Wie unsere Hauskatzen haben sie Reißzähne und einziehbare Krallen. Löwen sind aber die Einzigen in der Katzenfamilie, die im Rudel leben. Alle anderen sind Einzelgänger.

Ein Tiger

Tiger sind die größten Wildkatzen. Sie leben in Asien, in warmen Gebieten, aber auch in kälteren Regionen wie Sibirien. Sie sind Menschenfresser, deshalb werden sie oft von Dorfbewohnern getötet. Es gibt nur noch sehr wenige Tiger.

Leoparden leben in Afrika und Asien. Sie werden auch Panter genannt. Sie tragen ihre Beutetiere gern hoch auf die Bäume. Ihr Fell kann auch schwarz sein.

Ein Leopard

Familienalbum

Wie die Löwen leben auch **Geparden** in den weiten Steppen Afrikas. Diese Wildkatze ist das schnellste Tier der Welt. Es gibt immer weniger Geparden. Auch in den Reservaten ist es schwer, sie zu beschützen.

Ein Gepard

Ein Serval

Auch **Servale** gehören zur Familie der Wildkatzen, die in der afrikanischen Steppe leben. Sie jagen, indem sie über das hohe Gras hinwegspringen. Auch ihr Fell kann schwarz sein, wie das eines Leoparden.

Einige Fragen zum Leben der Löwen.
Die Antworten findest du in diesem Buch.

Die französische Originalausgabe erschien erstmals 1999 unter dem Titel »Le lion, roi fainéant« bei Éditions Milan, Toulouse, Frankreich.
Herausgeberin: Valérie Tracqui

Aus dem Französischen von Anne Brauner.

Anschrift: Postfach 10 03 25, 73703 Esslingen
www.esslinger-verlag.de
ISBN 978-3-480-21479-2 (14725)

3. Auflage 2007